BEI GRIN MACHT SICH IHR
WISSEN BEZAHLT

David Frieten

Lexikonartikel zum Dreikaiserbündnis

GRIN Verlag

Bibliografische Information der Deutschen Nationalbibliothek:

Die Deutsche Bibliothek verzeichnet diese Publikation in der Deutschen National-bibliografie; detaillierte bibliografische Daten sind im Internet über http://dnb.d-nb.de/ abrufbar.

Impressum:

Copyright © 2012 GRIN Verlag GmbH
Druck und Bindung: Books on Demand GmbH, Norderstedt Germany
ISBN: 978-3-656-49730-1

Dieses Buch bei GRIN:

http://www.grin.com/de/e-book/233379/lexikonartikel-zum-dreikaiserbuendnis

GRIN - Your knowledge has value

Der GRIN Verlag publiziert seit 1998 wissenschaftliche Arbeiten von Studenten, Hochschullehrern und anderen Akademikern als eBook und gedrucktes Buch. Die Verlagswebsite www.grin.com ist die ideale Plattform zur Veröffentlichung von Hausarbeiten, Abschlussarbeiten, wissenschaftlichen Aufsätzen, Dissertationen und Fachbüchern.

Besuchen Sie uns im Internet:

http://www.grin.com/

http://www.facebook.com/grincom

http://www.twitter.com/grin_com

Universität Rostock
Philosophische Fakultät
Historisches Institut
SoSe 2012

Übung: Quellen zu außenpolitischen Problemen des kaiserlichen Deutschland 1871 -
1898
Name: David Frieten

Lexikonartikel zum Begriff „Dreikaiserbündnis"

Das Dreikaiserbündnis ist ein am 18. Juni 1881 unterzeichnetes und hauptsächlich von Otto von Bismarck initiiertes Vertragswerk zwischen Österreich-Ungarn, Russland, sowie dem Deutschen Reich. Den Kern dieses Bündnisses bildete die Neutralität, die sich die betreffenden Staaten im Falle eines Konfliktes zusicherten. Dies bewirkte eine Phase der Entspannung innerhalb Europas, welche jedoch bereits 1884 mit der Auflösung des Vertrags ihr Ende fand.

Die Balkan-Krise von 1876 – 78 bewirkte die Auflösung des ersten Dreikaiserabkommens. Dieses war 1873 zwischen dem russischen Zarenreich, der Doppelmonarchie Österreich-Ungarn und dem Deutschen Reich abgeschlossen worden und diente maßgeblich der Stabilisierung des europäischen Mächtegleichgewichts[1]. Aus Sicht der deutschen Außenpolitik erfüllte dieses Vertragswerk einige wichtige Funktionen. Zum einen bewirkte es eine Vernetzung zwischen dem Deutschen Reich und zwei bedeutsamen europäischen Mächten[2]. Diese besondere Stellung des deutschen Kaiserreichs ermöglichte flexible Reaktionen auf die Veränderungen innerhalb Europas und diente auch der Isolation des „Erzfeindes" Frankreich[3]. Um diesen Zustand zu erhalten, beziehungsweise wiederzuerlangen bedurfte es nach 1878 einer Neuerrichtung der alten Bündnisse.

Nach dem Abschluss des Zweibundvertrags mit Österreich-Ungarn am 7. Oktober 1879[4] rückte ein Bündnis mit Russland in das Blickfeld Bismarcks. Jedoch erst zu Beginn des Jahres 1880, nachdem die bisherigen Akteure der russischen Außenpolitik Alexander Michaelowitsch Gortschakow und Ivan Ivanowitsch Schuwalow, die ein deutsch-russisches Bündnis strikt ablehnten, ihre politische Karriere beendet hatten, wurde ein Bündnis mit Russland wahrscheinlicher[5]. Grund dafür war die neu ausgerichtete Deutschlandpolitik Russlands, unter der Leitung des stellvertretenden russischen Außenministers Nikolai Karlowitsch Giers, sowie des im Januar 1880 zum russischen Botschafter in Berlin[6] ernannten Peter Alexander Saburow. Auf Anweisung des russischen Zaren Alexander II. hin, wurde nun versucht eine eventuelle internationale

[1] Vgl. Hildebrandt, Klaus: Das vergangene Reich: deutsche Außenpolitik von Bismarck bis Hitler 1871 – 1945, Stuttgart 1995, S. 65.
[2] Vgl. Berghahn, Volker: Kaiserreich 1871-1914, 10. Auflage, Stuttgart 2006, S. 383f.
[3] Vgl. ebd., S. 384.
[4] Gall: Bismarck der weiße Revolutionär, S. 338.
[5] Vgl. ebd. S. 343.
[6] Vgl. Gall: Bismarck der weiße Revolutionär, S. 344.

Isolation Russlands zu verhindern[7]. Dies bedeutete wiederum die Umgestaltung des Verhältnisses mit den anderen europäischen Großmächten, insbesondere dem Deutschen Reich. Da jedoch der Zweibund die unwahrscheinliche Zustimmung Österreich-Ungarns zu einem separaten deutsch-russischen Bündnis erforderlich machte, entschloss sich Saburow am 6. Februar 1880 dem Außenministerium in Berlin einen Vorschlag für einen Dreikaiservertrag zu übermitteln[8].

Während das Deutsche Reich die Erneuerung des Dreikaiserbündnisses befürwortete, stieß es in Österreich-Ungarn aufgrund der noch immer ungeklärten Situation auf dem Balkan und die daraus resultierenden österreichisch-russischen Interessengegensätze zunächst auf Widerstand[9]. Erst die Hartnäckigkeit des deutschen Reichskanzlers Bismarck, der in zahlreichen Auseinandersetzungen sowohl mit dem Leiter der österreichischen Außenpolitik Freiherr v. Haymerle, als auch mit dem österreichischen Botschafter in Russland Graf Kálnoky, die deutsche Position verteidigte und für ein Bündnis warb, führte zu einem Einlenken der Habsburger Monarchie[10]. Schließlich wurde das Dreikaiserbündnis, zunächst mit einer Gültigkeit von drei Jahren, am 18. Juni 1881 unterzeichnet[11].

Die Unterzeichnung des Dreikaiserbündnisses schuf eine kurzzeitige Phase der Befriedung in Europa. So verpflichteten sich die unterzeichnenden Staaten zu gegenseitiger Neutralität im Falle eines Krieges und mussten weiterhin jeden drohenden Konflikt offenlegen[12]. Weiterhin wurde Bosnien und Herzegowina Österreich und Ungarn per Zusatzabkommen zugesprochen[13]. Jedoch wurden bereits nach kurzer Zeit die Probleme dieses Vertragswerkes offensichtlich. Diese basierten zum einen auf der strengen Geheimhaltung des Bündnisses in den vertragsabschließenden Ländern[14]. Während man in Österreich-Ungarn im Falle einer Bekanntgabe des Bündnisses einen Aufstand der als russlandfeindlich geltenden magyarischen Minderheit befürchtete, entschloss man sich im Zarenreich für die Geheimhaltung, um einer Verschärfung der Konflikte innerhalb der Arbeiterbewegungen, die seine politische Allianz mit

---

[7] Vgl. ebd. S. 343.
[8] Vgl. Wolter, Heinz: Bismarcks Außenpolitik 1871 – 1881, Berlin 1983, S. 337.
[9] Vgl. Hildebrandt: Das vergangene Reich, S. 68.
[10] Vgl. Gall: 345ff.
[11] Vgl. Wolter, S. 354.
[12] Vgl. Hildebrandt: Das vergangene Reich, S. 71.
[13] Vgl. ebd., S. 71.
[14] Vgl. Gall: Bismarck der weiße Revolutionär, S. 349.

Frankreich forderten, zu entgehen[15]. Den Hauptproblempunkt bildete jedoch die weiterhin ungelöste Frage um das Balkangebiet, welche durch das Zusatzabkommen lediglich angerissen wurde und letztendlich zum endgültigen Scheitern des Abkommens im Jahre 1884 führte[16].

Somit gelang es auch durch den Abschluss des Dreikaiserbündnisses nicht, einen dauerhaften Frieden in Europa zu etablieren und infolgedessen gewann das Verhältnis zwischen den europäischen Großmächten schnell eine eigene Dynamik, die nicht mehr durch das Deutsche Reich korrigiert werden konnte und letzten Endes 1918 zum Ausbruch des Ersten Weltkriegs führte.

Literatur::

a) Gall, Lothar: Bismarck der weiße Revolutionär, Frankfurt am Main, 1981.

b) Hildebrandt, Klaus: Das vergangene Reich: deutsche Außenpolitik von Bismarck bis Hitler 1871 – 1945, Stuttgart 1995..

c) Berghahn, Volker: Kaiserreich 1871-1914, 10. Auflage, Stuttgart 2006.

d) Wolter, Heinz: Bismarcks Außenpolitik 1871-1881 : außenpolitische Grundlinien von der Reichsgründung bis zum Dreikaiserbündnis, Berlin 1983.

---

[15] Vgl. ebd., S. 349.
[16] Vgl. Berghahn: Kaiserreich 1871-1914, S. 385.